Jessica Timpson

D1187600

Am Stram Gram

Lucy Cousins

textes de Lillo Canta

une jolie fillette

sur un cheval clochette

Une fillette coquette sur un beau cheval blanc
Part voir le monde et ses merveilles
Elle prend la route au gré des vents
Les notes résonnent dans ses oreilles

Beaucoup d'amis l'attendent en route
Des animaux marrants, des gentils...
Et des méchants, sans aucun doute !
Le gros toutou et le hibou
L'un aboyant et l'autre fou
Le chat, la cane et le cochon
Souris menue et corbeau noir
Tournent en rond et crient "bonsoir!"

Les jours s'égrènent
Au grand galop
La Terre tourne
Sous les sabots
En Espagne elle rencontre
Une reine et sa couronne
Qui la salue de son drapeau
Les semaines passent
Au bord de l'eau
Les mois s'écoulent
Au petit trot

Après les villes, les monts, les vaux
Au loin le ciel, les vagues et l'eau

Soudain, le rouge vif
De trois navires
Intrigue la fillette

Plantés sur trois têtes jumelles
Trois nœuds verts sur trois demoiselles
Debout sur trois coquilles de noix

Voguant vaillantes les voiles sous le vent
Leurs maigres tresses soulevées par le vent
Mais que font donc ces trois donzelles ?

Elles abordent la côte ou partent aux Seychelles ?
Font-elles route vers l'Afrique ou bien vers l'Angleterre?

Étranges créatures, se dit l'aventurière

trois
filles
à
la mer

Il était fier le grand duc d'York
Il avait de nombreux hommes sous ses ordres
À la guerre il en avait mené mille et cent
De mille et un combats il revint fièrement

Aujourd'hui le vieux duc d'York scande gravement :

Une deux - une deux - le sommet nous atteindrons
Une deux - une deux - la montagne nous gravirons
Trois quatre - trois quatre - jamais nous ne faiblirons
Trois quatre - trois quatre - de beaux muscles nous aurons

Certains se moquent de ce digne soldat
Aux jambes frêles et au chapeau trop grand
Oubliant les exploits du bon Jean d'York
Est-ce sa faute si passe le temps ?

le brave duc d'York

La reine de cœur a un grand cœur
Chaque jour au peuple rassemblé
Elle donne ses tartes vers les sept heures
Mais l'araignée par l'odeur alléchée
S'en vient la fête tout gâcher

Un, deux, je m'introduis dans les lieux

Trois et quatre, par la porte aux gonds de nacre

Cinq, six, voler les bâtons de réglisse

Sept et huit, partons d'ici tout de suite

Neuf, dix, je cours, je vole et je glisse
Onze et douze, je suis tombé dans la bouse
Treize, quatorze, ce n'est qu'une petite entorse
Quinze et seize, la douleur doucement s'apaise
Dix-sept, dix-huit, je me relève très très vite
Dix-neuf et vingt, disparais au bout du chemin

As-tu peur des petites souris ?
Elles ont de bien gros soucis
Une grosse dame veut les trancher
À la hache de boucher
Vilaine ogresse aux grosses fesses !

Pâques revient, c'est le beau temps
Les fleurs s'habillent pour le printemps
Les fleurs éclosent quand point l'été
Le bonheur est dans le pré. Attention il va filer !

le lion
et la
licorne

La crinière ou la corne ?
Lequel des ces deux prétendants
Aura droit à la couronne ?
Le lion féroce ou l'élégante licorne ?

Elle ne tiendrait pas sur ton crâne, dit le lion joufflu
Je me scierai la pointe, répond la bête têtue
Je te la casserai plutôt, dit le Lion, cette couronne est à moi
Viens te battre gros paresseux, je n'ai pas peur de toi

Les voyages forment la jeunesse
Dans un village breton
Vivaient un chien et sa maîtresse
Un bien curieux chien venu de nulle part
Certains le trouvaient étrange
D'autres bizarre
On venait de partout pour le voir
Le chien aimait la foule des grands soirs
Devant tous les curieux assemblés
L'animal s'amusait de les voir s'amuser

*Se tenait droit
sur son museau*

*Il dormait au plafond
de temps en temps*

Jouait des airs de flûte

Riait comme un humain

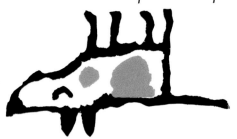

*Montait à cheval...
sur une chèvre*

*Fumait la pipe
comme un vieux sage*

*Mangeait la nourriture
d'Arthur*

Dansait le rock

Lisait des livres
bien savants

S'habillait avec goût

Et parfois même
il aboyait

Un, deux, trois, quatre, cinq et six
Julie fait une tarte aux cerises
Sept, huit, neuf, dix et onze
Qu'elle mangera avec Alphonse

Un coq coquet chante dans la cour
Son chant si beau autrefois
Est devenu très laid
Les poules fuient
Quand il leur fait la cour
Toutes celles qui l'aimaient
Aujourd'hui s'encourent

Cocoricouac
Les chants les plus laids
Sont les chants les moins beaux
Sont les chants les plus laids

Assez, crient les fermiers
Réveillés par le cri
Il va falloir un jour le bouter hors d'ici
Qu'il parte, pensent les poulettes
Le coq de nos voisins
Chante plus fort et plus net

Cocoricouac
Les chants les plus beaux
Sont les chants les plus désespérés
Sont les chants les plus beaux

Gardons-le tel qu'il est
Dirent plus tard les fermiers
La ferme se distingue
Grâce au coq enroué
Les poules furent sensibles
À la voix éraillée

Les chants les plus beaux
Sont les grands champs de blé
Sont les chants de l'été

Une vieille femme prit chaussure comme chaumière
Mais eut tant d'enfants qu'elle ne sut quoi en faire
Elle leur donnait de la soupe sans une miette de pain
Les fouettait le soir pour qu'ils oublient la faim

Trois hommes dans un baquet
Un marchand de bougies, un boucher replet
Un pâtissier et son gâteau aux noix
Mais que font-ils dans cet endroit ?
Drôles de gars que ces trois-là
Drôles d'oiseaux que ces vilains pas beaux !

le vent souffle du nord

Le temps change, se dit l'oiseau
Le ciel bleu s'emplit de vent
Partout de la neige, derrière et devant
Il aime ça, pauvre nigaud
Mais que croit-il qu'il mangera
Quand la neige épaissira ?

D'un violon dingue le chat est fou
Les longs sanglots du violon
Touchent le cœur du petit matou
Font danser les gens en rond
L'assiette, le verre et la cuillère
La musique adoucit les mœurs...
Et la misère

le violon
dingue

l'assiette
et la
cuillère
se font
la paire

Mon royal bedon est au désespoir
J'exige un canard
Une glace et un poulet
Entiers, je les veux dévorer!

Pour qui sont ces corbeaux
Courbés sur la casserole ?
Pour qui sont ces corbeaux
Croassant dans mon cou ?

J'ai un creux, j'ai un vide
Que dis-je, un trou géant!
A quoi servent ce palais
Cet argent et ces gens ?

Si personne n'y touche
Qui donc les croquera
Ces charmants volatiles
Aux corps beaux et bien gras ?
Miam !

le fol
appétit
du roi

il était une fois
une oie

Il était une fois une oie
Que l'on gavait pour la fête
Telle est la dure loi
Insouciante l'oie s'en vient
Et s'en va
Pour la fête on la dégustera
Il était une fois une oie
Dont les hommes voulait le foie
Mais qui jamais ne le saura

Il pleut des jours et des semaines entières
Sur la ville de Gloucester, au sud de l'Angleterre
Mais que vient y faire le docteur Foster ?
Revoir les lieux où il est né
Quand il pleurait comme le ciel, tout au long de l'année

Je suis Willy l'ami des rêves et des rêveurs
Je te souhaite de beaux rêves en couleurs
Ceux que tu viens de faire étaient les miens
Les tiens commencent avec la nuit. Dors bien.